Holzdekorationen für die Frühlings- und Sommerzeit

Christiane He

Willkommen (Abb. Seite 1)

Material

- Sperrholz, 6 mm stark, 24 x 28 cm
- Farben: gelb, orange, maigrün, grün, creme
- Buntstifte: rot, weiß, braun, schwarz
- schwarzer wasserfester Stift, Ø 0,75 mm
- Holzleim
- Acryl-Klarlack auf Wasserbasis
- Draht, Ø 1 mm

Zunächst die Konturen des Hasen mit der Blume und der Wiese vom Vorlagenbogen auf das Holz übertragen. Beide Teile aussägen und die Kanten mit Schleifpapier glätten.

Nun alles laut Abbildung nass in nass bemalen. In die gelbe Blüte etwas Orange geben. Den Stängel sowie die Wiese mit Maigrün und Dunkelgrün kolorieren. Den Schriftzug cremefarben auftragen. Mit einem roten Buntstift die Nase und die Ohrinnenfläche des Hasen färben. Anschließend den Schwanz und die Kopfhaare ebenfalls mit Buntstiften betonen. Nun einmal überlackieren und dabei darauf achten, dass die Buntstiftstriche nicht verwischen. Nach dem Trocknen die Konturen und das Gesicht mit einem wasserfesten Stift aufzeichnen und alles noch einmal lackieren. Mit der Spitze eines Zahnstochers weiße Lichtreflexe in das Auge und auf die Nase tupfen.

Schließlich die Wiese mit Holzleim am Hasenteil fixieren. An der markierten Stelle am Fuß ein 3 mm großes Loch bohren und alles mit Klarlack lackieren. Nach dem Trocknen etwa 1 m Draht locker um einen Bleistift wickeln. Die Drahtspirale etwas auseinander ziehen, ein Ende durch das Loch ziehen und das andere um den Stängel der Blume legen. Beide Drahtenden umbiegen.

...und fertig ist ein frühlingsfrischer Willkommensgruß.

Tipp!

Mit ein paar Klangstäben verwöhnt das hübsche Türschild nicht nur die Augen sondern auch die Ohren des Betrachters!

Impressum:

© 2003 Bücherzauber Verlag, 41540 Dormagen

ISBN: 3-935997-69-8 Best.-Nr.: 97698

Fotos: Peter Wirtz, Dormagen
Styling: Angelika Nowotny
Grafik/Zeichnungen: Daria Broda
Lithos: IMS Integrated Media Solutions GmbH, Köln
Layout/Satz/Bildbearbeitung: Marion Haustein, Dormagen
Druck: Grenz-Echo, Eupen www.grenzecho.be

1. Auflage 2003

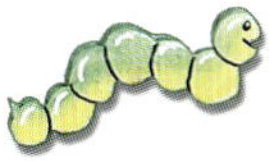

Vorwort

Ein neues Jahr hat begonnen und die Tage werden wieder länger. Die Sonne verwöhnt uns mit ersten wärmenden Strahlen und lockt Schneeglöckchen, Krokusse und andere Frühlingsblumen aus dem Winterschlaf. Wir motten unsere Weihnachtsdekoration ein und schauen nach, was für das Frühjahr noch vom letzten Jahr da ist. Vielleicht fehlt Ihnen etwas Schönes für Ihre Osterdekoration und auch im Sommer könnte mal wieder etwas Neues an der Tür stehen oder die Terrasse verschönern. Schauen Sie gleich einmal nach, ob sich in meinem neuen Buch etwas Passendes für Sie findet. Bringen Sie Ihre Säge zum Summen und schwingen Sie den Pinsel!

Viel Spaß und gutes Gelingen wünscht Ihnen

Ch. Heuelmann

Christiane Heuelmann

Material & Werkzeug

Für die Objekte in diesem Buch wurde sowohl 18 mm dickes Leimholz als auch Sperrholz in verschiedenen Stärken verarbeitet. Beides ist in den Holzabteilungen der Baumärkte erhältlich.

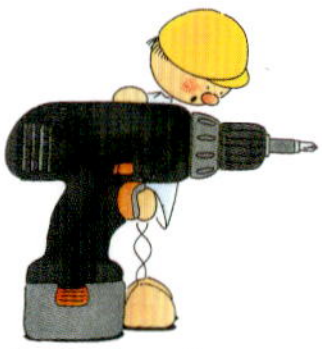

Akkuschrauber

wasserfeste Konturenstifte

Leim- oder Sperrholz

Bleistift

Acrylfarben auf Wasserbasis

Außerdem:

- **Transparent- oder Butterbrotpapier**
- **Kopierpapier**
- **Klarlack auf Wasserbasis**
- **Holzschrauben**
- **Holzdübel**

Laub- bzw. Dekupiersäge, Stichsäge

Holzleim

Schmirgelpapier

Heißklebepistole

Stepp by Stepp

1. Zunächst mit Pergament- bzw. Butterbrotpapier das Motiv vom Vorlagenbogen abpausen und mit Kopierpapier auf das Holz übertragen.

2. Nun das Leimholz mit einer Stichsäge sägen. Eine Laubsäge mit entsprechenden Sägeblättern kommt für das Sperrholz zum Einsatz. Einfacher geht es mit einer Dekupiersäge, einer elektrischen Laubsäge, die bis zu 40 mm dickes Holz sägt. Für dünnes Holz ein feines Sägeblatt einsetzen, dickes mit einem mittleren aussägen.

3. Mit Schleifpapier in den Stärken 120 und 180 die Sägekanten glätten.

4. Zum Bohren der Löcher benötigen Sie Holzbohrer in verschiedenen Stärken sowie einen Bohrer oder einen Akkubohrschrauber.

5. Für größere Flächen und zum Lackieren eignen sich Flachpinsel in verschiedenen Stärken sowie feine Rundpinsel für die Acrylmalerei und Details. Zum Bemalen wählen Sie wasserfeste Acrylfarben, Abtön- und Volltonfarben. Diese Farbsorten sind mit Wasser verdünnbar, gut miteinander mischbar und riechen kaum.

6. Die Konturen mit schwarzen wasserfesten Eddingstiften in verschiedenen Stärken oder Holzlackstiften aufmalen. Auf unbemaltem Holz laufen die Konturen meistens aus, deshalb muss hier vor dem Aufzeichnen einmal lackiert werden. Wenn Sie die Konturen dann überlackieren, prüfen Sie besser vorher, ob der Lack den Auftrag der Stifte nicht löst. Zum Lackieren empfiehlt sich ein Acryllack auf Wasserbasis oder ein spezieller Holzlack. Wollen Sie Ihr Werk im Freien aufstellen, sollten Sie wetterfesten Lack benutzen.

7. Zusätzlich werden Holzdübel und Holzschrauben in verschiedenen Größen benötigt. Baumärkte haben oft unverpackte Schrauben, von denen man sich ein individuelles Sortiment zusammenstellen kann.
Die einzelnen Teile mit Holzleim oder Heißkleber verbinden. Zwei mit Holzleim zu verklebende Teile mit Schraubzwingen zusammenpressen bis der Leim getrocknet ist. Dabei zwischen das Holz und die Zwingen dicke Pappe oder ein Stück Restholz legen, damit es nicht zu unschönen Abdrücken kommt.

Hallo, Frühling!

Sonnenblumen-Stecker

(Abb. siehe Seite 8)

Material

- Sperrholz, 4 mm stark, 25 x 75 cm
- Leimholz, 18 mm stark, 20 x 30 cm
- Rundstab, Ø 8 mm, ca. 100 cm
- 1 Holzmarienkäfer, ca. 1 cm groß
- Farben: gelb, terrakotta, dunkelbraun, maigrün, dunkelgrün
- wasserfeste Stifte, Ø 1 mm: schwarz, weiß
- Holzleim
- Acryl-Klarlack auf Wasserbasis

Übertragen Sie die Umrisse der beiden Sonnenblumenteile (Teil A 2 x) vom Vorlagenbogen auf das Sperrholz und die des Blattes auf das Leimholz. Alles aussägen und die Sägekanten mit Schmirgelpapier glätten.

Nun die Blumen laut Abbildung bemalen. Dabei wie beim Windlicht (S. 8/9) vorgehen. Das Blütenteil B zwischen den beiden Blütenteilen A mit Holzleim fixieren. Das Blatt mit den beiden Grüntönen bemalen und an gekennzeichneter Stelle vorsichtig ein 8 mm großes Loch bohren. Den Rundstab etwa 25 cm tief durch das Blatt führen und befestigen. Nun auch das Rundholz grün kolorieren. In die fertige Blüte vorsichtig von unten ein ebenfalls 8 mm großes Loch bohren und hier das Rundholz mit Holzleim fixieren. Zum Schluss den Marienkäfer am Stiel festkleben.

Sitzender Hase

- Sperrholz, 8 mm stark, 25 x 27 cm
- Farben: gelb, orange, maigrün, grün, weiß
- Buntstifte: grün, dunkelgrün, orange, braun
- schwarzer wasserfester Stift, Ø 0,75 mm
- Holzleim
- Acryl-Klarlack auf Wasserbasis

Alle Konturen vom Vorlagenbogen auf das Holz übertragen. Die Teile aussägen und die Kanten mit Schleifpapier glätten.

Anschließend das Oberteil des Hasen orange und die Hose maigrün anmalen. Bei der Blüte in das noch feuchte Gelb etwas Orange geben. Den Stängel mit Maigrün und Dunkelgrün bemalen. Nach dem Trocknen gelbe und grüne Streifen auf das Oberteil auftragen. Beide Teile lackieren und die Konturen sowie das Gesicht mit einem wasserfesten Stift aufzeichnen. Mit der Spitze eines Zahnstochers weiße Lichtreflexe in das Auge und auf die Nase tupfen.

Den Hasen und die Blume an den markierten Stellen mit etwas Holzleim und kleinen Holzschrauben auf dem Unterteil fixieren. Zum Schluss alles noch einmal überlackieren.

Untersetzer

(Abb. siehe Seite 9)

Material

- Sperrholz, 4 mm stark, 25 x 25 cm
- Farben: gelb, terrakotta, dunkelbraun
- wasserfeste Stifte, Ø 0,6 mm: schwarz, weiß
- Acryl-Klarlack auf Wasserbasis

Die Umrisse der Sonnenblumen vom Vorlagenbogen auf das Sperrholz übertragen, aussägen und die Kanten glatt schmirgeln. Nun die Blüten wie beim Windlicht (S. 8/9) beschrieben bemalen.

Tipp!

Anstelle der Blume kann man auch eine Kerzentülle anbringen und diese mit einer farblich passenden Kerze bestücken.

Sonnenblumen

Sonnenblumen-Stecker

(Material und Anleitung siehe Seite 6)

Windlicht

Material

- Sperrholz, 4 mm stark, 50 x 50 cm
- Leimholz, 18 mm stark, 6 x 6 cm und 10 x 10 cm
- Rundstab, Ø 10 mm, 23 cm
- Farben: gelb, terrakotta, dunkelbraun, grün
- wasserfester Stift, Ø 1 mm: schwarz, weiß
- Holzleim
- Acryl-Klarlack auf Wasserbasis

Zunächst die Sperrholzplatte in der Mitte teilen. Beide Teile übereinander legen, mit Nägeln fixieren und die Umrisse der beiden Sonnenblumenteile vom Vorlagenbogen auf das Holz übertragen. Alles aussägen und die Sägekanten mit Schmirgelpapier glätten.

Nun die Blumen laut Abbildung nass in nass bemalen. Mit Gelb beginnen, Terrakotta in die Blütenblätter hineinarbeiten und zum Schluss die Blütenmitte des vorderen Blumenteiles mit Terrakotta sowie Braun ausarbeiten. Die weißen und schwarzen Punkte sowie die Konturen mit den wasserfesten Stiften aufzeichnen. Beide Blütenteile aufeinander setzen und mit Holzleim fixieren.

In das 10 x 10 cm große Leimholzstück mittig ein 1 cm großes Loch von ca. 1 cm Tiefe bohren, etwas Holzleim hineingeben und das Rundholz darin befestigen. Anschließend in das andere Leimholzstück ebenfalls mittig auf einer Seite ein etwa 0,5 cm tiefes Loch mit einem 10-mm-Bohrer bohren. Auf der Rückseite mit einem 40-mm-Forstner-Bohrer ca. 0,5 cm tief bohren. Diese Vertiefung ist für ein Teelicht. Ist kein Forstner-Bohrer vorhanden, können Sie dort auch einen Glasbehälter für ein Teelicht mit Universalkleber befestigen. In das 10 mm große Loch etwas Holzleim geben, die andere Seite des Rundholzes fixieren und den Ständer Grün bemalen.

An zwei gegenüberliegenden Seiten des kleinen Leimholzstückes die Sonnenblumen mit kleinen Nägeln befestigen und alles lackieren. Zum Schluss ein Teelicht einsetzen.

Tipp!

Auch eine Gruppe mit verschieden hohen Sonnenblumen sieht sehr dekorativ aus.

Eierbecher

(Abb. siehe Seite 13)

Material

- Leimholz, 18 mm stark, 22 x 14 cm
- Farben: weiß, gelb, grün
- Acryl-Klarlack auf Wasserbasis

Die Eierbecher vom Vorlagenbogen auf das Leimholz übertragen und aussägen. Nun an den markierten Stellen mit einem 35-mm-Forstner-Bohrer ca. 1 cm tiefe Vertiefungen fräsen und die Eierbecher grün kolorieren. Nach dem Trocknen einige Gänseblümchen wie bei der Henne (S. 12) beschrieben aufmalen. Zum Schluss die Eierbecher lackieren und schon hat jedes bunte Osterei sein eigenes Nest.

Serviettenhalter

(Abb. siehe Seite 13)

Material

- Sperrholz, 8 mm stark, 20 x 25 cm
- Farben: weiß, gelb, grün, rot
- Acryl-Klarlack auf Wasserbasis

Zu Beginn das Ei sowie die Wiese zweimal und die Bodenplatte einmal vom Vorlagenbogen auf das Holz übertragen, aussägen und die Kanten glätten.

Nun die Eier von beiden Seiten weiß kolorieren und nach dem Trocknen von einer Seite rote sowie gelbe Streifen auftragen. Die Wiesenteile und die Bodenplatte grün gestalten. Nach dem Trocknen wie bei der Henne (S. 12) beschrieben Blümchen auf den Boden malen und die Eier mit weißen Lichtreflexen versehen. Die Eierhälften anschließend mit 2 cm Abstand entlang der gestrichelten Linien auf der Bodenplatte fixieren. Zum Schluss den Serviettenhalter lackieren.

Nestträger

Material

- Leimholz, 18 mm stark, 30 x 40 cm
- Körbchen, Ø ca. 15 cm
- Holzschrauben
- Farben: braun, blau, maigrün, grün, weiß
- Buntstifte: rot, weiß, braun, schwarz
- schwarzer wasserfester Stift, Ø 1 mm
- Holzleim
- Acryl-Klarlack auf Wasserbasis

Die Konturen des Hasen und des Bodens auf das Leimholz übertragen. Beides aussägen, die Kanten mit Schleifpapier glätten und laut Abbildung bemalen. Erst nach dem Trocknen der Farben die Streifen des Pullovers auftragen. Mit einem roten Buntstift die Nase, die Wangen und die Ohrinnenflächen kolorieren. Die Kopf-, Bart- und Schwanzhaare mit braunen, schwarzen und weißen Buntstiften andeuten. Mit einem schwarzen wasserfesten Stift die Konturen und das Gesicht aufmalen. Nun weiße Lichtreflexe auf der Nase sowie in den Augen auftragen und die Zähne anmalen.

An der markierten Position den Hasen mit zwei Holzschrauben auf dem Boden befestigen und alles klar lackieren. Zum Schluss das Körbchen mit zwei kleinen Schrauben am Hasen befestigen. Stabiler wird es, wenn Sie aus einem dünnen Sperrholz-Rest eine Scheibe im Durchmesser des Körbchenbodens aussägen. Die Scheibe in passender Farbe kolorieren, in den Korb legen und mit anschrauben.

Tipp!

Auch außerhalb der Osterzeit hält der Hase gern Ihre Schlüssel, Taschentücher, Süßigkeiten etc. in seinem Nest für Sie bereit!

Henne Berta

Material

- Leimholzplatte, 18 mm stark, 65 x 20 cm
- Sperrholzplatte, 8 mm stark, 34 x 42 cm
- Rundstab, Ø 8 mm
- Holzschrauben
- Basteldraht
- Farben: weiß, gelb, rot, maigrün, dunkelgrün
- schwarzer wasserfester Stift, Ø 1 mm
- Acryl-Klarlack auf Wasserbasis

Zunächst die Konturen des Huhns und der Bodenplatte vom Vorlagenbogen auf das Leimholz übertragen und aussägen. An den markierten Stellen 3 mm große Löcher in die Platte und das Huhn bohren. Mit einem 8-mm-Bohrer von unten zwei Löcher für die Beine in das Huhn bohren.

Die Sperrholzplatte in jeweils zwei 21 x 14 cm und 21 x 20 cm große Stücke aufteilen. Die beiden größeren Platten mit Schrauben oder Nägeln aufeinander befestigen, einen Flügel und einen Fuß darauf übertragen und aussägen. So erhalten Sie völlig identische Teile. In die Füße an den markierten Stellen 8 mm große Löcher bohren. Aus den Resten den Schnabel und den Kamm des Huhns sägen. Auf eine der kleineren Platten die Konturen des Nestes übertragen, den inneren Halbkreis aussägen und diese dann auf die andere Platte leimen. Ist der Leim getrocknet, entlang der äußeren Kontur sägen. Anschließend alle Kanten mit Schleifpapier glätten.

Nun alles laut Abbildung bemalen. Das Huhn zunächst weiß gestalten und nach dem Trocknen die Augen sowie die Kehlsäcke aufmalen. Den Kamm, die Rundhölzer und die Füße rot, den Schnabel gelb kolorieren. Das Nest und die Bodenplatte maigrün bemalen. In die noch nasse Farbe mit Gelb und Dunkelgrün Struktur einarbeiten. Nach dem Trocknen einige Gänseblümchen aufmalen. Dafür mit dem Ende eines Rundstabes gelbe Tupfen aufdrucken und mit einem dünnen Pinsel feine Blütenblätter zeichnen.

Nun den Schnabel und den Kamm aufkleben, weiße Lichtreflexe gemäß Abbildung auftragen und alles lackieren. Schließlich die Rundhölzer mit dem Huhn und den Füßen verleimen. Die Flügel andrahten, das Nest an der markierten Stelle von hinten mit Holzschrauben befestigen und das Huhn auf der Bodenplatte fixieren.

Tipp!

Legen Sie das Nest mit Plastikfolie aus und sähen Sie Kresse in ein Wattekissen. Die keimende Kresse sieht nicht nur schön aus, sie ist auch lecker und gesund!

Eierbecher & Serviettenhalter

(Material und Anleitung siehe Seite 10)

Mümmel & Mümmelienchen

Material

- Sperrholz, 6 mm stark, 25 x 31 cm
- Restholz, ca. 18 mm stark, 8 x 3 cm
- Buntstifte: hellbraun, braun, schwarz
- Farben: terrakotta, gelb, maigrün, rosa, weiß
- schwarzer wasserfester Stift, Ø 0,6 mm
- Holzleim
- Acryl-Klarlack auf Wasserbasis

Zu Beginn die Umrisse der Hasen vom Vorlagenbogen auf das Holz übertragen und die Figuren aussägen. Bei den Beinen entlang der gestrichelten Linie ohne die Knie-Rundungen sägen. Die Kanten mit Schleifpapier glätten. Das Restholz von hinten mit Holzleim entlang der gepunkteten waagerechten Linie an die Beine kleben.

Nach dem Trocknen der Klebestelle die Rundungen der Knie aussägen. Durch diese Vorgehensweise erhält man einen sauberen Übergang von den Oberschenkeln zu den Knien. Die Sägekanten wiederum glatt schmirgeln. Die Beine mittig mit der Unterseite der Oberschenkel an die untere Kante des Körpers kleben und die Hasen laut Abbildung bemalen. Die Hose des Jungen zunächst maigrün kolorieren und nach dem Trocknen mit einem dünnen Pinsel die Streifen aufmalen. Das Mädchen bekommt eine weiße Bluse. Auf das terrakottafarbene Kleid mit dem Ende eines Rundholzes gelbe und weiße Punkte aufdrucken. Beiden Hasen rosa Nasen und Ohrinnenflächen malen. Die Bart- und Kopfhaare mit Buntstiften aufzeichnen.

Alles einmal klar lackieren. Dabei darauf achten, dass die Buntstiftstriche nicht verlaufen. Anschließend die Augen und die Konturen mit einem schwarzen Stift auftragen und weiße Lichtreflexe mit Hilfe eines Zahnstochers in die Augen und auf die Nase tupfen. Zum Schluss die Figuren ein letztes Mal lackieren.

Tipp!

Bemalen Sie die beiden Hasen in Ihren Lieblingsfarben passend zu Ihrer Einrichtung!

Schlappohr

Material

- Leimholzplatte, 18 mm stark, 120 x 25 cm
- Sperrholzplatte, 10 mm stark, 28 x 26 cm
- Holzschrauben, Nägel
- Farben: maigrün, gelb, blau, rosa, dunkelgrün, terrakotta, weiß
- Buntstifte: hellbraun, braun, schwarz
- schwarzer wasserfester Stift, Ø 1 mm
- Acryl-Klarlack auf Wasserbasis

Übertragen Sie die Konturen des Hasen, der Deko-Möhre und der Füße vom Vorlagenbogen auf das Leimholz. Die Möhre und drei 8 x 9 cm große Rechtecke, die später das Gefäß vor dem Bauch des Hasen bilden, auf eine Sperrholzplatte übertragen. Alle Teile aussägen und die Kanten mit Schleifpapier glätten.

Nun alles laut Abbildung bemalen. Die Hose zunächst maigrün kolorieren und nach dem Trocknen die gelben sowie blauen Streifen auftragen. Die Nase und die Ohrinnenflächen rosa, die Zähne weiß gestalten. Die Möhren und die drei Brettchen terrakottafarben bemalen. Das Möhren-Grün mit den beiden Grüntönen färben. Nun das Haupthaar und die Barthaare mit Buntstiften zeichnen und alles klar lackieren. Dabei darauf achten, dass die Buntstiftstriche nicht verwischen.

Nach dem Trocknen die Füße mit zwei Holzschrauben am Hasen festschrauben. Nun die Konturen sowie das Gesicht mit einem wasserfesten Stift nachziehen. Weiße Lichtreflexe auf die Nase sowie in die Augen tupfen und alles ein zweites Mal lackieren. Die Brettchen an den markierten Stellen an der Rückseite der Möhre mit Nägeln befestigen, die schwarzen Konturen aufzeichnen und alles lackieren.

Anschließend an den drei gekennzeichneten Positionen 3 mm große Löcher in den Hasen bohren und den Möhrenbehälter festschrauben. Zum Schluss legen Sie dem Hasen die Deko-Möhre zu Füßen und befüllen sein Möhren-Nest mit österlichen Leckereien.

Tipp!

Schlappohr kann in seiner Möhre nicht nur ein Osternest verstecken – auch Schlüsselbunde, Süßigkeiten, eine schöne Topfblume oder Küchenkräuter sind hier prima aufgehoben!

Leckere Möhrchen

Material

- Sperrholz, 6 mm stark, 45 x 35 cm
- Buntstifte: hellbraun, braun, schwarz
- Farben: terrakotta, braun, grün, gelb, maigrün, blau, rosa
- wasserfeste Stifte, Ø 0,6 mm: schwarz, weiß
- Acryl-Klarlack auf Wasserbasis
- Basteldraht, Ø 0,6 mm

Alle Konturen und Markierungen vom Vorlagenbogen auf das Holz übertragen, aussägen und die Kanten glätten. An den markierten Stellen 3 mm große Löcher bohren.

Anschließend die Hasen und den Schriftzug laut Abbildung bemalen. Die Hemden zunächst maigrün kolorieren und nach dem Trocknen mit einem dünnen Pinsel gelbe Streifen auftragen. Die Bart- und die Kopfhaare mit Buntstiften aufzeichnen. Alle Möhren terrakottafarben anmalen. Das Möhrengrün mit den beiden Grüntönen nass in nass abtönen. Nun alles klar lackieren und dabei darauf achten, dass die Buntstiftstriche nicht verwischen. Danach die Gesichter und die Konturen mit einem schwarzen wasserfesten Stift auftragen. Mit einem weißen wasserfesten Stift die Zähne, Lichtreflexe und einige Konturen aufzeichnen. Alles noch einmal mit Klarlack überziehen.

Zum Schluss mit einem Draht, der zunächst um einen Bleistift zu Spiralen gedreht wird, die Hasen unter den Schriftzug hängen. Oben eine lange Drahtspirale zum Aufhängen anbringen.

Tipp!

In einem schmalen Fenster wirken die Hasen untereinander gehängt ohne Schriftzug sehr dekorativ.

HALLO

Am Meer

Material

- Leimholz, 18 mm stark, 80 x 40 cm
- Sperrholz, 4 mm stark, 45 x 40 cm
- Rundholz, Ø 10 mm, 14 cm
- Farben: blau, blaugrün, ocker, weiß, rot
- schwarzer wasserfester Stift, Ø 1 mm
- 2 kleine Schrauben
- Holzleim
- Acryl-Klarlack auf Wasserbasis
- nagelbare Bildaufhängeösen

Spiegel

Zunächst übertragen Sie die Konturen des Spiegels vom Vorlagenbogen auf ein 40 x 45 cm großes Stück Leimholz. Das Sperrholz auflegen und beide Teile mit zwei kleinen Schrauben (nicht länger als 2 cm) miteinander verbinden. Dabei nicht den späteren Rahmen des Spiegels beschädigen! Die äußere Kontur des Rahmens aussägen und die Schrauben wieder entfernen. Anschließend das Leimholz entlang der aufgezeichneten Linien weiter aussägen. Den Leuchtturm dabei nicht zerteilen. Auf das Sperrholz den Ausschnitt für den Spiegel übertragen und aussägen. Dafür an der markierten Stelle ein Loch bohren und das Sägeblatt durchfädeln. Überprüfen Sie, ob der Spiegel in den Ausschnitt passt.

Alle Teile schleifen und laut Abbildung bemalen. Die Konturen des Leuchtturms mit einem schwarzen Stift nachziehen und nochmals alle Kanten anschleifen, sodass die Farbe des Holzes wieder sichtbar wird. Nun die Einzelteile des Rahmens auf dem Sperrholz zusammenfügen und fixieren. Alles mit Klarlack überziehen und auf der Rückseite Haken zum Aufhängen anbringen. Den Spiegel in der dafür vorgesehenen Aussparung mit Doppelklebeband oder Alleskleber befestigen. Für zusätzlichen Halt sorgen ein paar dünne, neben dem Spiegel eingeschlagene Nägel, die auf den Spiegel gebogen werden.

Toilettenpapierhalter

(Anleitung siehe Seite 22)

Toilettenpapierhalter

(Abbildung und Material siehe Seite 20)

Die Konturen des Leuchtturms und der beiden Seitenteile (diese mit den geraden Seiten möglichst an den Rand des Brettes legen) auf das restliche Leimholz und den Kreis auf einen Sperrholzrest übertragen und alles aussägen. In die Seitenteile an den markierten Stellen 10 mm große Löcher bohren. Dabei bei einem Seitenteil das Loch ganz durchbohren. In das andere Seitenteil nur ca. 1 cm tief hineinbohren. In den Leuchtturm und den Kreis an den markierten Punkten 3 mm große Löcher bohren.

Alle Teile schleifen und gemäß Abbildung bemalen. Die Konturen des Leuchtturms mit einem schwarzen Stift nachziehen und alle Kanten nochmals anschleifen, bis die Farbe des Holzes wieder sichtbar wird. Anschließend alles klar lackieren.

Nun den Kreis so mit einer höchstens 2 cm kurzen Holzschraube an der markierten Stelle des durchbohrten Seitenteils befestigen, dass er beweglich bleibt. Der schwenkbare Kreis sorgt dafür, dass das Rundholz zum Rollenwechseln aus der Halterung genommen werden kann. Nun die beiden Seitenteile mit jeweils zwei Holzschrauben an den vorgesehenen Stellen fixieren.

Tipp!

Befestigen Sie anstelle der Seitenteile zwei oder drei Garderobenknöpfe unterhalb des Leuchtturms. Schon haben Sie einen passenden Handtuchhalter für Ihr Bad!

Seebären

Material

- Sperrholz, 6 mm stark, 15 x 27 cm
- Restholz, ca. 18 mm stark, 8 x 3 cm
- Farben: blau, weiß, rot, creme
- schwarzer wasserfester Stift, Ø 1 mm
- Holzleim
- Acryl-Klarlack auf Wasserbasis

Zu Beginn die Umrisse der Bären vom Vorlagenbogen auf das Holz übertragen und die Figuren aussägen. Bei den Beinen entlang der gestrichelten Linie ohne die Knie-Rundungen sägen. Die Kanten mit Schleifpapier glätten. Das Restholz von hinten mit Holzleim entlang der gepunkteten waagerechten Linie an die Beine kleben.

Nach dem Trocknen der Klebestelle die Rundungen der Knie aussägen. Durch diese Vorgehensweise erhält man einen sauberen Übergang von den Oberschenkeln zu den Knien. Die Sägekanten nochmals glatt schmirgeln. Nun die Beine mittig mit der Unterseite der Oberschenkel an die untere Kante der Körper kleben.

Die Bären laut Abbildung bemalen und anschließend klar lackieren. Die Augen und die Konturen mit einem schwarzen Stift auftragen. Schließlich die weißen Lichtreflexe mit Hilfe eines Zahnstochers in den Augen sowie auf den Nasen andeuten und die Figuren ein letztes Mal lackieren.

Blumenkind

Material

- Leimholzplatte, 18 mm stark, 80 x 30 cm
- Farben: weiß, schwarz, terrakotta, rot, maigrün, ocker
- schwarzer wasserfester Stift, Ø 1 mm
- Acryl-Klarlack auf Wasserbasis
- Körbchen
- 2 Holzschrauben

Zunächst übertragen Sie die Konturen des Mädchens, der Arme und der Grundplatte vom Vorlagenbogen auf das Leimholz. Alle Teile aussägen, an den markierten Stellen 4 mm große Löcher in die Bodenplatte bohren und die Kanten glatt schleifen.

Das Mädchen und die Arme gemäß Abbildung bemalen. Die Schürze zunächst maigrün kolorieren und trocknen lassen. Anschließend den ockerfarbenen Blüten-Mittelpunkt und die weißen Blütenblätter mit dem Ende eines Rundholzes aufdrucken. Die Farben trocknen lassen und die Konturen der Schürze mit einem schwarzen Stift nachziehen.

Die Arme an den markierten Stellen mit Holzleim festkleben. Nun das Mädchen klar lackieren. Auf den getrockneten Lack die Augen, den Mund und die fehlenden Konturen zeichnen. Weiße Lichtreflexe in die Augen und auf die Stiefel malen. Zum Schluss das Mädchen mit zwei Holzschrauben auf der Grundplatte fixieren und alles nochmals lackieren.

Tipp!

Wird das Körbchen mit zur Jahreszeit passender Floristik befüllt, kann Sie das Blumenkind das ganze Jahr hindurch begleiten.

Hereinspaziert!

Material

- Sperrholz, 8 mm stark, 34 x 21 cm
- Farben: rot, gelb, grün, braun, dunkelbraun, creme
- wasserfeste Stifte, Ø 0,75 mm: weiß, schwarz
- Holzleim
- Acryl-Klarlack auf Wasserbasis
- Draht, Ø 1 mm

Beide Motivteile vom Vorlagenbogen auf das Holz übertragen und aussägen. Anschließend an den markierten Stellen 3 mm große Löcher bohren und die Kanten mit Schleifpapier glätten.

Nun alles laut Abbildung bemalen. Auf das grüne T-Shirt nach dem Trocknen mit einem dünnen Pinsel ein gelbes Karomuster auftragen. Den Rücken der Raupe grün und den Bauch gelb kolorieren und beide Farben mit einem nassen Pinsel ineinander ziehen. Den Ast nass in nass mit den beiden Braun-Tönen bemalen. Nach dem Trocknen den Schriftzug cremefarben auftragen.

Schließlich die Beine mit Holzleim am Körper des Wichtels fixieren und alles klar lackieren. Die Konturen sowie die Augen mit einem schwarzen, die Lichtreflexe mit einem weißen wasserfesten Stift aufmalen und noch einmal alles mit Lack überziehen. Etwa 1 m Draht locker um einen Bleistift wickeln. Die Enden durch die Löcher im Baum führen, die Spirale etwas auseinander ziehen und in Form biegen.

Tipp!

Sie können nach dieser Vorlage auch einen Kantenhocker fertigen. Dafür den Wichtel aus der Vorlage kopieren, von Fingerspitze zu Fingerspitze eine gerade Linie ziehen und weiterarbeiten, wie bei den Kantenhasen oder Seebären beschrieben.

Hereinspaziert

Licht-Wicht

Material

- Leimholzplatte, 18 mm stark, 120 x 25 cm
- Laterne
- 2 Holzschrauben
- Farben: blau, rot, grün, ocker, braun, weiß, schwarz
- schwarzer wasserfester Stift, Ø 1 mm
- Acryl-Klarlack auf Wasserbasis

Zunächst übertragen Sie die Umrisse des Wichtes, der Arme und der Grundplatte vom Vorlagenbogen auf das Leimholz. Alle Teile aussägen, an den markierten Stellen 4 mm große Löcher in die Bodenplatte bohren und die Kanten glatt schleifen.

Nun den Wichtel laut Abbildung bemalen. Das Oberteil maigrün kolorieren und nach dem Trocknen das ockerfarbene Karomuster auftragen. Die Farben trocknen lassen. Die Konturen der Latzhose mit einem schwarzen Stift nachziehen und beide Arme mit Holzleim festkleben. Anschließend alles klar lackieren und nach dem Trocknen die Augen, den Mund und die fehlenden Konturen aufzeichnen. Die weißen Lichtreflexe in den Augen, auf der Nase, den Schuhen und der Mütze aufmalen.

Den Wicht schließlich mit zwei Holzschrauben auf der Grundplatte fixieren und alles ein zweites Mal lackieren.

Jetzt kann der Wicht mit seinem Licht eine dunkle Ecke in Ihrem Haus ausleuchten!

Tipp!

Der Wicht kann auch Ihren Besuch freundlich empfangen. Dafür anstelle der Laterne einen Stab mit einem Hallo-Schild an der Hand befestigen und den Wicht an der Tür aufstellen.

Fang' deine Träume!

Traumfänger mit Federn

Material

- Sperrholz, 4 mm stark, 30 x 30 cm
- naturfarbene Federn
- naturfarbene Holzperlen, Ø 10 mm
- dünnes naturfarbenes Lederband, 3 m

Auf das Sperrholz die Konturen des Traumfängers übertragen. Bohren Sie Löcher in die Ausschnitte, ziehen jeweils das Sägeblatt hindurch und sägen die Ausschnitte aus. Nun die äußere Form des Traumfängers aussägen. An den markierten Stellen 2 mm große Löcher bohren und alle Sägekanten mit Schleifpapier glätten. Zum Aufhängen die Enden eines ca. 80 cm langen Lederbandes durch die dafür vorgesehenen Löcher im oberen Bereich ziehen und festknoten. Nun ein Lederband so durch die sechs Löcher am Mittelpunkt führen, dass wie auf der Abbildung ein Stern entsteht, und die Enden hinten verknoten. Abschließend durch die fünf Löcher im unteren Bereich des Traumfängers Lederbänder fädeln und Perlen sowie Federn anknoten.

Tipp!

Möchten Sie beide Traumfänger herstellen, ersparen Sie sich viel Sägearbeit, indem Sie die beiden Platten vor dem Sägen aufeinander nageln und gemeinsam aussägen.

Traumfänger mit Klangstäben

Material

- Sperrholz, 4 mm stark, 30 x 30 cm
- Klangstäbe, 16, 11 und 9 cm lang
- Kristall in Tropfenform aus Acryl oder Glas, 30 x 25 mm
- 7 Perlen aus Acryl oder Glas
- Nylonschnur

Zu Beginn die Konturen des Traumfängers auf das Sperrholz übertragen. Löcher in die Ausschnitte bohren, jeweils das Sägeblatt hindurchziehen und die Muster aussägen. Anschließend entlang der äußeren Kontur sägen. Bohren Sie nun an den markierten Stellen 2 mm große Löcher: zwei für die Aufhängung am oberen Rand, eines mittig für den Kristall und drei Löcher am unteren Rand mit einem Abstand von jeweils 2 cm. Alle Sägekanten mit Schleifpapier glätten. Zum Aufhängen des Traumfängers auf ein ca. 80 cm langes Stück Nylonschnur vier Perlen fädeln, die Enden durch die dafür vorgesehenen Löcher ziehen und festknoten. Den Kristall so befestigen, dass er mittig im inneren Ausschnitt hängt. Zum Schluss die Klangstäbe mit jeweils einer Perle gemäß Abbildung anknoten.

Schmetterling

Material
- ✿ Sperrholz, 4 mm stark, 50 x 40 cm
- ✿ Bambusstab oder Rundholz, ca. 45 cm lang
- ✿ Kristall aus Acryl oder Glas in Tropfenform, 30 x 25 mm
- ✿ Basteldraht, Ø 0,6 mm
- ✿ Nylonschnur

Die Sperrholzplatte in zwei 40 x 25 cm große Stücke teilen. Auf eines davon die Konturen des Schmetterlings-Flügels übertragen und vor dem Aussägen auf das zweite Stück schrauben. Nun Löcher in die Ausschnitte bohren, das Sägeblatt jeweils hindurchziehen und die Ausschnitte aussägen. Anschließend die äußere Flügelform aussägen. Ein identisches Flügelpaar ist entstanden. Aus dem Reststück den Schmetterlings-Körper sägen. Bohren Sie an den markierten Stellen 2 mm große Löcher.

Alle Teile mit Schleifpapier glätten und die Flügel mittels Nylonschnur an den Körper binden. Dazu ein ca. 15 cm langes Stück Schnur durch ein Loch am Flügelrand ziehen. Beide Enden durch das passende Loch im Körper fädeln, auf der anderen Seite ein Ende der Schnur durch das gegengleiche Loch des anderen Flügels ziehen und mit dem anderen Ende zusammenknoten. Genauso verfahren Sie bei dem anderen Loch. Die Schnur sollte so locker sein, dass die Flügel noch schwingen können.

Schließlich an jeden Flügel an den beiden Löchern in der Mitte eine ca. 80 cm lange Schnur knoten, sodass sich oberhalb der Flügel zwei

lange Schlaufen ergeben. Diese mit einem Abstand von etwa 30 cm um einen Stab oder ein Rundholz schlingen. Eine etwa 1 m lange Schnur zum Aufhängen an beiden Enden des Stabes befestigen. Den Kristall auf eine weitere Schnur fädeln und am Körper des Schmetterlings anknoten.

Zum Schluss einen ca. 10 cm langen Draht in der Mitte knicken, beide Enden um einen Schaschlikspieß zu kleinen Spiralen drehen und mit ein wenig Kleber im Loch am Kopf des Schmetterlings befestigen. Den Schmetterling aufhängen, justieren und die Fäden eventuell mit etwas Heißkleber fixieren. Nun kann der Schmetterling nach einem kurzen Zug am Kristall seine Flügel schwingen lassen.